Angelika Kipp

Komm doch, lieber Weihnachtsmann!

Große einteilige Fenster- und Wandbilder

Von der bekannten Autorin Angelika Kipp sind im frechverlag viele weitere kreative Titel erschienen. Hier eine Auswahl:

TOPP 2106

TOPP 2377

TOPP 2378

TOPP 2379

TOPP 2237

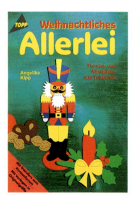

TOPP 2105

Zeichnungen: Berthold Kipp
Fotos: frechverlag GmbH + Co. Druck KG, 70499 Stuttgart;
Fotostudio Ullrich & Co., Renningen

Diese Buchmappe enthält:
3 Vorlagenbogen

Materialangaben und Arbeitshinweise in diesem Buch wurden von der Autorin und den Mitarbeitern des Verlags sorgfältig geprüft. Eine Garantie wird jedoch nicht übernommen. Autorin und Verlag können für eventuell auftretende Fehler oder Schäden nicht haftbar gemacht werden. Das Werk und die darin gezeigten Modelle sind urheberrechtlich geschützt. Die Vervielfältigung und Verbreitung ist, außer für private, nicht kommerzielle Zwecke, untersagt und wird zivil- und strafrechtlich verfolgt. Dies gilt insbesondere für eine Verbreitung des Werkes durch Film, Funk und Fernsehen, Fotokopien oder Videoaufzeichnungen sowie für eine gewerbliche Nutzung der gezeigten Modelle.

Auflage: 5. 4. 3. 2. 1. | Letzte Zahlen
Jahr: 2002 2001 2000 1999 98 | maßgebend

© 1998

frechverlag GmbH + Co. Druck KG, 70499 Stuttgart

ISBN 3-7724-2376-0 · Best.-Nr. 2376

Druck: frechverlag GmbH + Co. Druck KG, 70499 Stuttgart

Komm doch, lieber Weihnachtsmann!

Die Weihnachts- und Winterzeit wird von allen großen und kleinen Menschen heiß geliebt. Trotz der eisigen Kälte werden Schneemänner gebaut, und Kinder fahren mit ihren Schlitten die Berge hinunter. In den Wohnungen, die mit viel Liebe dekoriert werden, macht man es sich gemütlich. Natürlich dürfen dabei Fensterbilder nicht fehlen!

Die Fensterbilder in diesem Buch bieten eine vielfältige Auswahl von Tonkartonmotiven, die bis zu 58 cm hoch sind. Da sie aus nur einem Tonkartonbogen bestehen, sind sie schnell hergestellt. Durch ihre Größe und Farbe sind diese Fensterbilder ganz besonders wirkungsvoll. Probieren Sie es aus!

Vögel suchen in einem verschneiten Futterhäuschen nach Nahrung. Ein Mäuschen knabbert an den Weihnachtsplätzchen, und der Nikolaus schwebt mit seinem Sternenballon durch die Lüfte und schaut, ob alle Kinder auf der Erde brav sind.

Einen Stiefel hat er bereits prall gefüllt, und viele Kerzen erhellen das Dunkel der Nacht, bis an Heilig Abend das Jesuskind geboren wird. Und dann kann der Weihnachtsmann endlich kommen!

Eine besinnliche Advents- und Weihnachtszeit
wünscht Ihnen
Ihre

Angelika Kipp

Material

- ★ Tonkarton (in verschiedenen Farben erhältlich)
- ★ Transparentpapier
- ★ Kleine spitze Schere
- ★ Schneidemesser (Cutter) mit Schneideunterlage
- ★ Filzstift in Schwarz
- ★ Weicher Bleistift (HB)
- ★ Harter Bleistift (2H)
- ★ Weicher Radiergummi
- ★ Lineal
- ★ Lochzange
- ★ Nadel mit Faden oder Klebeband zum Aufhängen

Ausschneiden des Motivs

Zum Ausschneiden der filigranen Motive verwenden Sie am besten ein Schneidemesser (Cutter) mit der entsprechenden Unterlage. So können enge Schnittstellen im Inneren des Motivs mühelos ausgeschnitten werden.

Aufhängen des Motivs

Es gibt verschiedene Möglichkeiten, ein Fensterbild aufzuhängen. Sie können zwischen dem altbewährten Faden oder einem Klebeband wählen. Wenn Sie mit einem Faden arbeiten wollen, balancieren Sie das Motiv zwischen Daumen und Zeigefinger aus, bis Sie die richtige Stelle gefunden haben. Stechen Sie dann mit einer Nadel einige Millimeter vom Rand entfernt in den Karton, und ziehen Sie den Faden durch.
Je größer das Motiv ist, um so sinnvoller ist es, mit zwei Fäden zu arbeiten.

Motivhöhe

Damit Sie sich die Größe der Fensterbilder vorstellen können, ist bei jedem Motiv dessen Höhe angegeben. Viel Spaß beim Auswählen!

Schritt für Schritt erklärt

1. Haben Sie sich für Ihr filigranes Lieblingsmotiv entschieden, legen Sie Transparentpapier auf das ausgewählte Motiv auf den Vorlagenbogen. Am besten fixieren Sie es mit Klebestreifen, damit es nicht verrutscht. Zeichnen Sie nun alle Linien des Motivs mit einem weichen, aber spitzen Bleistift auf dem Transparentpapier nach.

2. Anschließend wird das Transparentpapier vom Vorlagenbogen genommen, gewendet und auf den ausgewählten Bastelkarton gelegt. Nun zeichnen Sie mit einem harten spitzen Bleistift die Linien nochmals kräftig nach. Bei diesem Arbeitsgang wird der zuerst gezeichnete Bleistiftstrich von der Rückseite des Transparentpapiers auf den Bastelkarton übertragen.

3. Nun können Sie das Motiv mit einem Schneidemesser ausschneiden; eventuell vorhandene Bleistiftstriche entfernen Sie mit einem weichen Radiergummi. Wenn Sie das hier seitenverkehrt gezeigte Motiv wenden, entspricht es der Abbildung im Buch. Grundsätzlich können Sie jedes Tonkartonmotiv beidseitig verwenden.

Draußen vom Walde …

… da kommt dieser nette Mann her, auf den bereits allerorts Kinder und Erwachsene warten.

Überraschung!

MOTIV-HÖHE ca. 34 cm

Eine nette Überraschung hat der Nikolaus in den Stiefel gesteckt!

Ein weihnachtliches Schaukelpferd

So manches Kind wird sich über solch ein schönes Pferdchen freuen.

MOTIV-HÖHE ca. 34 cm

Winterfütterung

Hier hat ein lieber Mensch für die kleinen Überwinterer den Tisch gedeckt.

MOTIV-HÖHE ca. 32 cm

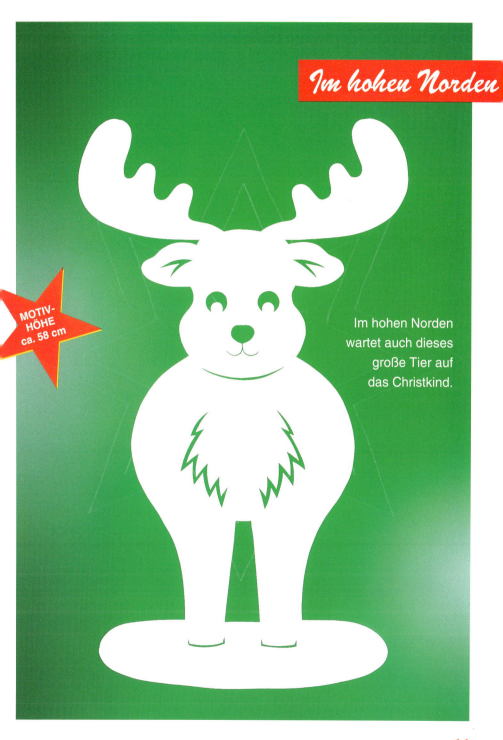

Advent, Advent, ein Lichtlein brennt!

Wenn die erste Kerze brennt, ist das Weihnachtsfest nicht mehr weit.

MOTIV-HÖHE ca. 29 cm

Heilige Nacht

Die Geburt des Jesuskindes brachte Licht ins Dunkel.

Ein Weihnachtsschmaus

MOTIV-HÖHE ca. 31 cm

Die kleine Naschmaus hat bald den ganzen Zweig leergegessen.

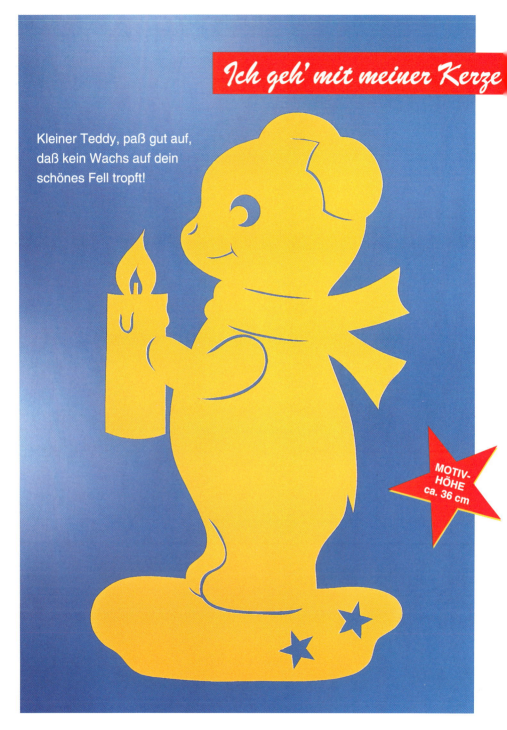

Schneemannweihnacht

Auch Schneemannkinder lieben einen sternengeschmückten Weihnachtsbaum.

MOTIV-HÖHE ca. 26 cm

Mit Lichtgeschwindigkeit durchs Himmelreich!

MOTIV-HÖHE ca. 27 cm

Schauen Sie mal in den Himmel, ob Sie den Weihnachtsmann auf einer Sternschnuppe entdecken.

Ein geschmückter Tannenbaum

Dieser Tannenbaum benötigt nur noch einen passenden Platz in Ihrer Wohnung.

MOTIV-HÖHE ca. 41 cm

MOTIV-
HÖHE
ca. 38 cm

Ein Himmelsbote

Mit seiner Kerze verbreitet dieser Engel viel Licht.

Schneemanntreff

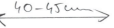

Draußen in der Kälte fühlen sich die vielen Schneemannkinder ausgesprochen wohl! Alle Schneemannaugen sind aufgemalt. Sie sollten auf der Rückseite absolut deckungsgleich zur Vorderseite aufgezeichnet werden, da helles Papier durchscheint.

MOTIV-HÖHE ca. 21 cm

Schlittentransport

Bei Eis und Schnee ist der Schlitten das bevorzugte Transportmittel des Weihnachtsmannes.

MOTIV-HÖHE ca. 32 cm

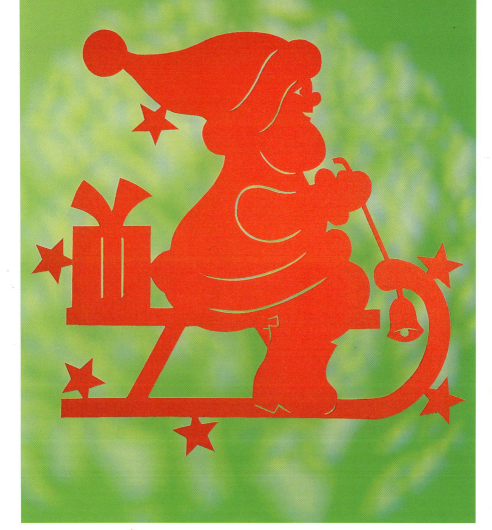

Ein wunderbares Weihnachtsgesteck

Kerzen bringen Wärme und Behaglichkeit in jeden Raum.

MOTIV-HÖHE ca. 39 cm

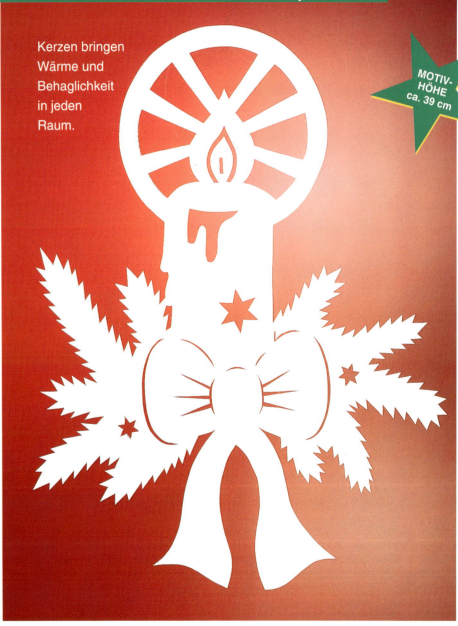

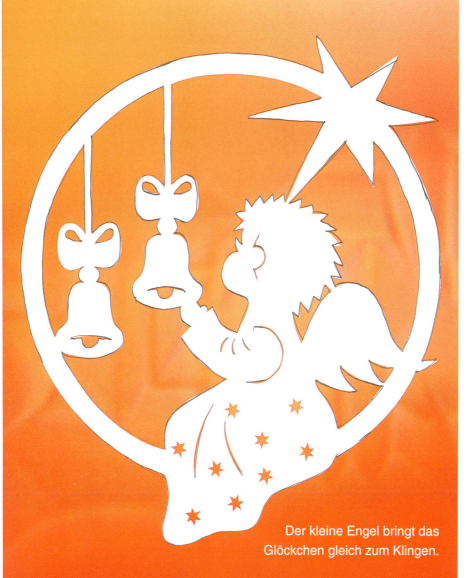

Selbst ein kleiner Vogel ist von den himmlischen Klängen angelockt worden.

MOTIV-HÖHE ca. 36 cm

Endlich Winter!

MOTIV-HÖHE ca. 37 cm

Kaum fällt Schnee, tauchen diese Gesellen überall auf!

Winterwald

Bei einem Spaziergang kann man die weiße Winterpracht bewundern.

MOTIV-HÖHE ca. 37 cm

Adventliches Ambiente

MOTIV-HÖHE ca. 39 cm

Weihnachtliche Kränze zur Adventszeit schaffen ein gemütliches und festliches Ambiente.

32